Montserrat Varela Navarro

El mundo hispánico de cerca:

La migración a y desde España

Guía para el profesor

Schmetterling Verlag

Bibliografische Informationen der Deutschen Nationalbibliothek.
Die Deutsche Nationalbibliothek verzeichnet diese Publikation in der Deutschen Nationalbibliografie; detaillierte Daten sind im Internet über http://dnb.d-nb.de abrufbar.

Geeignet für den Unterricht an allgemeinbildenden Schulen

Schmetterling Verlag GmbH
Lindenspürstr. 38 b
70176 Stuttgart
www.schmetterling-verlag.de
Der Schmetterling Verlag ist Mitglied von aLiVe.

ISBN 3-89657-924-X
1. Auflage 2016
Printed in Poland

Satz und Reproduktionen: Schmetterling Verlag
Druck: Sowa, Warszawa

Inhalt

Vorwort

Im Jahre 2016 ist das Thema Migration in aller Munde. Doch die Ursachen der Migration in Spanien und die Richtungen, aus denen die Migranten kommen bzw. die sie einschlagen, unterscheiden sich sehr von denen in Deutschland. Hierher wandern v.a. in den letzten Jahren überwiegend Menschen aus Ländern ein, die sich im Kriegszustand befinden (z.B. Syrien, Irak, Eritrea). In Spanien gibt es zwar auch Flüchtlinge aus diesen Ländern, jedoch stellen sie eine Minderheit dar. Daher wird dieses Thema im vorliegenden Titel nur am Rande behandelt. Ein anderer großer Unterschied besteht darin, dass viele Migranten aus wirtschaftlicher Not Spanien verlassen. Auch das kommt hier zur Sprache.

Der vorliegende Titel beginnt mit einer Übersicht über die Lage der Einwanderer nach Spanien. Im Zuge dessen wird das Phänomen der «pateras» bewusst ausgeklammert: Dabei handelt es sich um Menschen, die per Boot von Afrika auf die Kanarischen Inseln oder nach Andalusien gekommen sind. In den 1990er-Jahren war dieses Problem von großem Ausmaß, doch seit Anfang des 21. Jahrhunderts gestaltet sich die Herkunft der Einwanderer anders.

Es werden also Fragen aufgeworfen und beantwortet wie: Wer sind die «neuen Spanier» und wo kommen sie ursprünglich her? Welche Motive gibt es für ihre Einwanderung? Wo haben sie sich niedergelassen und welche beruflichen Tätigkeiten üben sie aus? Was ist mit den europäischen Immigranten, gibt es sie oder gelten sie nicht als Immigranten, da sie fast dieselben Rechte genießen wie die Spanier? Dabei werden auch Aspekte wie der Umgang mit illegalen Einwanderern, die Möglichkeit der Einbürgerung, die besonderen Umstände in Ceuta und Melilla usw. beleuchtet.

Dann wird der Spieß umgedreht, denn es gibt auch zahlreiche Spanier, die ihre Heimat verlassen. Welche Gründe es dafür gibt und wie es ihnen im Ausland ergeht, wird nicht zuletzt mithilfe des Films «Perdiendo el Norte» dargelegt.

Die Texte im Schülerheft sind Auszüge aus längeren Zeitungsartikeln, literarischen Texten, Audio- und Videoaufnahmen sowie deutschen Presseerzeugnissen, mithilfe derer die Schülerinnen und Schüler Mediationsaufgaben lösen sollen. Zu jedem Text gibt es ein Angebot an verschiedenen Übungen zum Verständnis und zur Interpretation des Inhalts, einige Texte werden außerdem von Wortschatzübungen begleitet.

Meine Hoffnung ist, dass die Schülerinnen und Schüler mithilfe dieser Überblicksinformationen ein besseres Verständnis von dieser komplexen Thematik gewinnen. Migration ist häufig ein hartes und manchmal sogar herzloses Thema: Auch wenn die Politik sich dabei oft hinter verharmlosenden Zahlen und Fakten versteckt, kommen am Ende die betroffenen Menschen und deren ergreifende Schicksale ans Licht. Manch eine Lebensgeschichte ist sehr traurig, manch eine lässt jedoch hoffen, dass es trotz aller Hindernisse doch noch ein gutes Ende geben kann.

Allen Lehrenden und Lernenden wünsche ich an dieser Stelle viel Erfolg bei der Arbeit mit den zusammengestellten Materialien.

Ihre Montserrat Varela Navarro

1. Los nuevos españoles (s. XXI)

1.1 Vocabulario

■ Tarea de vocabulario

Ziel dieser Übung ist es, die Schüler dafür zu sensibilisieren, dass man mithilfe von Sprache Bilder im Kopf schaffen und Menschen bewerten kann. Man verwendet z.B. nicht den gleichen Wortschatz, wenn es um Menschen aus fremden Ländern, die zu uns kommen, oder wenn es um eigene Landsleute, die auswandern, geht, obwohl beide Gruppen dasselbe wollen: im Ausland eine Arbeit finden und sich dort ein Leben aufbauen. Dazu kommt noch, dass Gesetze Menschen für legal oder illegal deklarieren können, auch wenn alle Menschen eigentlich gleich und gleichwertig sind.

Palabra	Definición	Traducción
a) el/la inmigrante	3) persona que viene de otro país a vivir en el mío	Immigrant, Einwanderer
b) el/la emigrante	7) personas que se van de su propio país para trabajar en otro país distinto	Emigrant, Auswanderer
c) el/la inmigrante legal/ilegal	1) alguien que está dentro/fuera de la ley porque ha viajado con/sin documentos legales	Illegaler Immigrant, Einwanderer
d) legalizar	8) proceso de convertir algo o una situación en legal	legalisieren
e) el/la refugiado/-a	2) persona que se ve obligada a abandonar su país a causa de una guerra, una revolución o de persecución política	Flüchtling
f) la tasa de inmigración	5) el número de inmigrantes que viven un año concreto en un país (por ejemplo en España en 2010 fue de un 17,4%)	Einwanderungsquote
g) la ley de extranjería	6) ley que regula la entrada y permanencia de los extranjeros en su país de destino	Einwanderungsgesetz
h) petición de nacionalidad	4) proceso en el cual el inmigrante, si cumple los requisitos necesarios, puede rellenar unos formularios para solicitar tener la ciudadanía de ese país	Einbürgerungsantrag

■ Comentario

Der «inmigrante» ist ein Immigrant oder Einwanderer, der oft illegal einreist. Je nach Abkommen zwischen Ländern oder der Herkunft der Einwanderer können diese ihre Einwanderung durch ein besonderes Visum (z.B. Green Card) rechtskräftig machen. Die legale Einwanderung der «inmigrantes» wird fast immer mit einem Arbeitsvertrag verknüpft. In Europa werden die Einwanderer aus den Ländern der EU nicht als solche wahrgenommen. Laut den europäischen Verträgen genießen sie fast überall dieselben Rechte wie die Einheimischen.

Eine positive Wahrnehmung genießen auch die «emigrantes», weil diese Landsleute sind, die zum Studieren oder zum Arbeiten ins Ausland reisen und normalerweise über eine Aufenthalts- und Arbeitsgenehmigung verfügen. Diese Art des Auswanderns geschieht normalerweise freiwillig, wobei in Spanien in den letzten Jahren viele junge Menschen ausgewandert sind, weil sie in ihrem Land keine Arbeit gefunden hatten.

Mit dem Wort «refugiados» schließlich verbinden wir Bedürftigkeit und Illegalität, weil diese Menschen erstens vor einem Krieg fliehen mussten und zweitens keine Aufenthalts- oder Arbeitsgenehmigung besitzen. Sie müssen erst einmal einen Antrag stellen und auf den Bescheid warten. Manchmal müssen sie dazu noch ihre Abschlüsse anerkennen lassen (Abitur, Universitätsabschluss, berufliche Ausbildung usw.). Sie haben es also doppelt oder dreifach schwer, sich im neuen Land zu integrieren, denn die Gesetze unterstützen sie nicht dabei.

1.2 ¿De dónde vienen los nuevos españoles?

■ Tarea

Bei dieser Landkarte (zu finden unter: https://es.wikipedia.org/wiki/Inmigraci%C3%B3n_en_Espa%C3%B1a im Artikel «Inmigración en España» sowie auf der letzten Seite des Schülerhefts) müssen die Schüler sich vorstellen, aus welchen Ländern die Einwanderer in Spanien kommen. Sie können auf folgende Fakten hinweisen:

- Spanisch in der Welt (Stichwort Lateinamerika)
- Erweiterung der EU in den letzten Jahren
- Geografische Nähe zu Afrika.

Ziel ist es, dass die Schüler sich darüber klar werden, dass die Bedinungen in Spanien nicht zu vergleichen sind mit denen in Deutschland.

■ Análisis

Die Schüler können sich in Gruppen organisieren und gemeinsam arbeiten. Dann können sie ihre Ergebnisse präsentieren. Sie werden wahrscheinlich feststellen, dass alle Gruppen im Wesentlichen die gleichen Informationen herausgefunden haben. Deutschland wurde durch die sogenannten «Gastarbeiter» geprägt und es hat ehemalige Russlanddeutsche ins Land geholt. Durch die Asylgesetze, die in der Verfassung verankert sind, und nicht zuletzt wegen der sogenannten «Flüchtlingskrise» aus dem Jahr 2015 kommen immer mehr Menschen aus Ländern, in denen Krieg herrscht.

1.3 ¿Qué dicen las estadísticas?

■ Análisis

1. Die Schüler sollen die Zahlen der Statistik vergleichen und dabei Ausdrücke wie z.B.
   - La mayoría de los inmigrantes viene de Rumanía.
   - Casi la mitad de los inmigrantes es de Marruecos.

   verwenden.

2. Die Antwort ist **Ja**. Die Länder sind Rumänien und Marokko.

■ Comentario

Die Lehrkraft kann eine kurze Debatte im Plenum oder in kleinen Gruppen durchführen lassen, um über beide Aufgaben zu sprechen. Beide Aufgaben können aber auch individuell schriftlich bearbeitet werden.

1.4 ¿Cuántos inmigrantes en total hay en España?

■ Análisis

1. In Deutschland leben mehr als 8 Millionen Ausländer, inklusive EU-Ausländer. Anhand dieser Fragestellung sollen die Schüler sich klarmachen, dass Spanien viel mehr Ausländer aufnimmt als Deutschland, wenn man diese Zahlen in Relation zu den Einwohnerzahlen setzt. Spanien hat ungefähr halb so viele Einwohner wie Deutschland.

2. Ab dem Jahr 2011 begann die Zahl der neuankommenden Ausländer in Spanien deutlich zu sinken. Der Artikel benennt drei Ursachen (letzter Absatz):
   - Rückkehr der Migranten in ihre Heimat oder Abwanderung in andere Länder
   - Einbürgerungen
   - Abnahme der Neuzugänge wegen der Wirtschaftskrise

■ Vocabulario

salir: salida
nacionalizar: nacionalización
deber: debido
ver: vista
comportarse: comportamiento
inscribir: inscripción
atraer: atractivo

perder: pérdida
recorrer: recorrido
caer: caída
investigar: investigador
disminuir: disminución
entrar: entrada
retroceder: retroceso

1.5 Distribución de la inmigración

■ Tareas en parejas (A y B)

1.

	Más de 20 % de extranjeros	Entre 18 y 20%	Entre 16% y 18%	Entre 14% y 16%
Provincias	Almería Alicante Islas Baleares	Murcia Málaga Castellón Lérida Tarragona Gerona	Barcelona Madrid Guadalajara La Rioja Islas Canarias	Valencia El País Vasco Navarra Aragón Toledo Cuenca Segovia Cádiz

a) Las tres zonas de mayor distribución: Madrid, el arco mediterráneo y las Islas Baleares

b) Los ciudadanos comunitarios se concentran en: Levante, Andalucía, Cataluña, Baleares y Canarias.

c) La provincia con un mayor número de inmigrantes es: Alicante

d) Los iberoamericanos y los africanos (también marroquíes) se distribuyen entre Madrid y Cataluña.

2. Sí, coinciden.

1.6 Características socio-económicas

■ Comentario

1. und 2.

Die Gründe sind sicherlich aus wirtschaftlicher Erwägung. Wer Arbeit hat, muss keine Sozialbezüge beziehen und wird auch nicht in die Kriminalität abrutschen. Später im Alter werden die Neubürger zudem ihre eigene Rente beziehen. Andere Gründe könnten sein: die Gründung einer Familie, wenn man jung ist, und eine bessere Integration in die Gesellschaft durch die berufliche Aufgabe.

Die Schüler sollen über diese möglichen Gründe diskutieren, auch bis zum Ende eines Berufslebens.

3. Por ejemplo:
   - Se podría reducir el tiempo del permiso de residencia temporal a favor de un permiso de residencia permanente.
   - Yo prohibiría los trabajos precarios para los inmigrantes.

Vocabulario

1. a) contratación temporal
   b) trabajo irregular
   c) flujo migratorio
   d) previsión anual
   c) salario bajo
   e) condiciones laborales

2. Freie Aufgabe.

Análisis

1. Der Artikel beschreibt, wie die Regierung jährlich die Einwanderung in den spanischen Arbeitsmarkt zusammen mit den Arbeitgebern und den autonomen Regionen verwaltet. Man ermittelt jedes Jahr einen Bedarf an Arbeitskräften. Diese Politik dient dazu, die Prekarietät am Arbeitsmarkt aufrechtzuerhalten.

2. Politik und Arbeitgeber sind nicht daran interessiert, dass die Löhne zu sehr steigen, aus welchen Gründen auch immer (darüber äußert sich der Artikel nicht).

1.7 Testimonios

Ejercicios auditivos

1.

	Loredana Stan	Araceli Collaguazo	Julia Chan	Abdula Fall
Erasmus	X			
Rumana	X			
Ecuatoriana		X		
China			X	
Senegalés				X
Rechazo		X		
Asociación de Jóvenes		X		
Sobrenombre		X		
Obtención de un trabajo		X		
Problemas con el idioma			X	
Crisis económica en España				X

2.

a. ¿Qué hacen la Asociación de Jóvenes ecuatoriana y la Fundación Orient?
Asesoran a los jóvenes, les ayudan en la integración y los animan a aprender el español.

b. ¿Son tolerantes los españoles?
Sí, España es un país abierto y la gente es acogedora e hospitalaria. No existe xenofobia como en otros países de Europa. La convivenvia es buena pero hay que cuidar las segundas y terceras generaciones. Además, los extranjeros vienen a buscar una vida digna, y eso solo se consigue con un trabajo.

c. ¿Propuestas para mejorar la relación entre los inmigrantes y los españoles?
Organizar actos interculturales y fomentar la solidaridad entre las comunidades de extranjeros. La adaptación tiene que venir de ambas partes.

d. ¿Obstáculos que se han encontrado los inmigrantes?
Sentir rechazo en casos puntuales, o bien no obtener trabajo porque los empresarios prefieren a alguien con un DNI (Documento Nacional de Identidad) español.

e. ¿Imagen que tienen los inmigrantes extracomunitarios?
En los casos extremos, son gente mafiosa y que trafica. La razón de esta imagen son las noticias en los medios de comunicación sobre el tráfico de personas y la prostitución.

f. Choque con la realidad. ¿Qué dicen los tertulianos?
Algunos extranjeros piensan que España es una especie de El Dorado y que aquí encontrarán un trabajo fácilmente. Esta imagen es engañosa, pero tiene mucha más fuerza que las historias de gente que ha fracasado. Por otra parte, los extranjeros forman redes para ayudar a los nuevos que llegan, de manera que estos no lo tienen tan difícil como los primeros.

1.8 La crisis

■ Vocabulario

Vorschlag:

«Bárbara se fue con sus cuatro hijos a cuestas»	⟷	llevar sola sus cuatro hijos
«callejón sin salida»	⟷	una situación sin solución
«una mano delante y otra detrás»	⟷	sin nada, sin dinero ni equipaje
«Salió del barrio con lo puesto»	⟷	sin equipaje para viajar

■ Comentario

Vorschläge:

1. Mientras tenga permiso de residencia puede que si busca y tiene suerte, pueda encontrar otro trabajo. Pero si pierde su permiso o no se nacionaliza, lo va a tener muy difícil.
2.
   - Encontrar un trabajo digno y estable.
   - Vivir sin tener la sensación de ser ciudadano/a de segunda clase.
   - Dar perspectivas a sus hijos.
   - Poder progresar en el trabajo y en la sociedad.

3. Diese Widrigkeiten sind in den beiden Ländern wahrscheinlich sehr ähnlich. Die Arbeitsbedingungen hier hängen von der eigenen Herkunft, vom rechtlichen Status, von der Anerkennung der eigenen Abschlüsse und den Kenntnissen der deutschen Sprache ab.

1.9 La inmigración comunitaria

■ Análisis

1. La mayor parte de los inmigrantes comunitarios son turistas que tienen su residencia en España.
   Falso. Se trata de inmigración laboral en su mayor parte.
2. Hoy en día, la inmigración comunitaria está muy repartida por todo el país.
   Correcto.
3. Su nivel educativo es igual al de los inmigrantes que no provienen de la UE.
   Falso. Su nivel educativo y la calidad de sus puestos de trabajo es muy superior.
4. La emigración de la UE y extracomunitaria tiene las mismas características.
   Falso. Los inmigrantes comunitarios tienen más derechos, una mejor formación y mejores puestos de trabajo.
5. Los inmigrantes comunitarios no necesitan registrarse en ningún tipo de administración.
   Correcto.

■ Taller de escritura

Freie Aufgabe.

2. Motivos de la inmigración

2.1 Causas de la inmigración

■ Tareas

1. Posibles causas:
    - guerra en el propio país
    - pobreza generalizada
    - faltas de perspectivas de educación
    - faltas de perspectivas laborales
    - persecución política
    - estudios universitarios
    - por amor
2. Freie Aufgabe

■ Comentario

Freie Aufgabe

2.2 La inmigración africana

■ Tareas

1. 1 Las privatizaciones — 2 Crecimiento sin desarrollo — 3 Explotación de los recursos naturales

   3 Las principales transnacionales petroleras también han extendido sus redes. Con el respaldo de los gobiernos africanos, estas multinacionales están diseñando un sistema de integración comercial y de infraestructuras que les permita acceder a los principales yacimientos de gas y petróleo. Estos proyectos cuentan con el aval de las Naciones Unidas.

   2 Actualmente África vive en una situación de profunda crisis económica explicad[a] por tres factores:
   1. El continente cuenta con gran cantidad de recursos naturales con los que comercian quienes ostentan el poder. [...]
   2. Los Programas de Ajuste Estructural pretendían que el mercado escapara de la influencia del Estado. La única realidad es que esto ha servido para reforzar la posición de las élites políticas, ya que han puesto en sus manos gran cantidad de recursos financieros.
   3. [...] Aunque las ayudas llegan y son cuantiosas, no se convierten en fuente de crecimiento económico debido en parte a la ineficiente distribución de los recursos que realiza la clase dirigente.

1 Las instituciones como el Fondo Monetario Internacional (FMI) y Banco Mundial (BM), así como los poderes occidentales dominantes, están obligando a los gobiernos africanos a comulgar con las privatizaciones. [...] El problema es que no se lo queda el continente africano, sino que son las empresas transnacionales las que perciben los retornos.

2. No habla de la educación, la infancia y los Estados Unidos.
3. Freie Aufgabe

2.3 Literatura. La inmigración desde África

Diese Aufgabe wird als Partnerübung vorgeschlagen. Zu zweit lesen die Schüler den Text A oder B. Danach erzählt Schüler A Schüler B seinen Text, und dann andersherum. Zum Schluss kennen beide die jeweilige Geschichte, sodass sie anschließend beide Geschichten kommentieren und vergleichen können.

A. From Lagos to Lago

■ Tareas

1. Origen de la chica: *Nigeria.*

   Por qué quiere irse a España: *Quiere trabajar en diseño de moda.*

   Cómo llega a España: *Por mar.*

   Qué se encuentra en España: *Tiene que trabajar en la prostitución.*

2. Diese Aufgabe kann auch in zwei Schritten ausgeführt werden. Zuerst mündlich, im Plenum oder in kleinen Gruppen, und danach schriftlich. Die Schüler können die Texte individuell verfassen oder auch in kleinen Gruppen. Anschließend können alle Versionen verglichen werden.

B. La sonrisa de Justice

■ Tareas

1. De dónde es Justice: *De Nigeria.*

   Cómo llegó a España: *Por mar.*

   Quién es Joaquín: *Un cura.*

   De qué trabaja Justice: *Es trabajadora de la limpieza.*

2. Diesen Text kann der Schüler schreiben, der den Text B gelesen hat, oder beide Schüler, nachdem Schüler B Schüler A den Text erklärt hat.

■ Comentario

1. Freie Aufgabe.
2. Ambas mujeres son de Nigeria y llegaron a España por mar. La chica que termina en la prostitución llegó a España engañada. Los motivos de Felice no los sabemos. Felice no es explotada, sino que ha conseguido tener un trabajo digno. Además, Felice tiene a su cargo un niño, al que todos creían ser el hijo de Felice.

2.4 La migración siriana desde África

Ejercicio de mediación

En Melilla hay un paso de frontera a la que pueden acceder los sirianos porque pueden pedir asilo y continuar su viaje por Europa. Los otros extranjeros que intentan entrar a Europa tienen ante sí una muralla de varios metros. España paga a Marruecos una cierta cantidad para controlar a los inmigrantes. Se pactó un contingente de un máximo de 30 personas que pueden pasar por el paso de frontera.

Análisis

Propuesta:

Cosas en común:

- Los sirianos y algunos africanos vienen de países en guerra.
- Emigran tanto hombres como mujeres.

Cosas diferentes:

- Muchos sirianos son perseguidos por el régimen o tenían que servir en el ejército.
- Entre los refugiados sirios también hay niños. Emigran familias sirias enteras.
- Los sirianos tienen derecho a pedir asilo.
- Los africanos no tienen este derecho. Por eso tienen que buscar rutas de acceso peligrosas como el mar o ponerse en manos de mafias.

2.5 La inmigración iberoamericana

Tareas

1. y 2.

a. Los inmigrantes de Sudamérica que llegaron a España a partir de 2000 eran todos argentinos. *Falso. Vinieron de varios países de Sudamérica.*

b. Muchos argentinos pidieron el pasaporte español o italiano por descendencia familiar. *Correcto.*

c. Otros argentinos tenían dos nacionalidades. *Falso, tenían la nacionalidad española o la italiana.*

d. A partir de 2013, la cifra de inmigrantes sudamericanos siguió subiendo. *Falso. Disminuyó.*

Comentario

Freie Aufgabe

2.6 Película «Cruz del Sur» (2012)

■ Tareas

1.

¿Cuántas personas veis?	Juan y su mujer, un amigo de Montevideo. Mariano y Julia (los personajes de Barcelona).
¿Qué hacen?	Juan cuenta que está buscando trabajo (laburo) sin éxito. Luego comenta sus planes de irse a Barcelona. Se va y allí conoce a Mariano y a Julia. Juan trabaja en un restaurante y sigue en contacto con su familia, que no sabe de qué trabaja en realidad.
¿Dónde están?	Juan está primero en Montevideo con su familia. Luego se va a Barcelona y allí conoce a Mariano y a Julia.

Escena 1

■ Análisis

1. Juan está buscando trabajo. El señor Gomás es un ejecutivo de los *Laboratoris Neàpolis*. Juan contactó con él desde Montevideo y ahora ha ido a las oficinas para pedir una cita. Casualmente lo encuentra en el vestíbulo. No es el mejor momento para hablar porque el señor Gomás tiene prisa por irse. Juan solo consigue entregarle su tarjeta de visita. Gomás promete vagamente que se la dará a su secretaria y que ya se verá.

2. Posible respuesta: El señor Gomás no conoce a Juan, que además no es español, y éste llega en un momento bastante inoportuno.

Escena 2 y 3

■ Análisis

1. Los tres trabajan en el mismo restaurante y son amigos.
2. No es muy optimista pero no quiere perder la esperanza.

■ Comentario

1. En toda la película no queda claro ni si Juan ha hecho la entrevista o no.
   Los argumentos a favor de obtener el puesto de trabajo pueden ser:
   - Juan tiene una larga experiencia como visitador médico.
   - Juan recibió una invitación de entrevista con el señor Gomás.
   - Seguramente la ha hecho y puede ser que su perfil encaje con el laboratorio.

   Los argumentos en contra pueden ser:
   - Juan es extranjero.
   - Antes de firmar un contrato de trabajo necesitará el permiso de residencia.
   - Puede ser que su perfil no encaje con el laboratorio.
   - Juan no conoce el mercado español.

3. Condiciones de vida de los extranjeros en España

3.1 Obtención de la nacionalidad

■ Tareas

1. a. ¿Qué gestiones tendrán que pagar los inmigrantes con la nueva ley?
   Las tasas administrativas, la documentación compulsada y las matrículas para los exámenes.
   b. ¿Cuántos exámenes tienen que hacer los inmigrantes?
   Dos, uno de idioma y otro de política, cultura y sociedad.
   c. ¿Cuántos puntos hay que superar para obtener la nacionalidad?
   Habrá que acertar 15 puntos de 25.
   d. ¿Qué institución ha publicado un manual de lectura?
   El Instituto Cervantes.

2. Freie Aufgabe.

3. Freie Aufgabe.

■ Comentario

Freie Aufgabe. Hintergrund dieser Übung ist, dass es in Spanien eine Debatte vor der Einführung dieses Tests gab. Man hat unter anderem eingewandt, dass dieser Test eigentlich die Bildung der Kandidaten prüft und dass sie dadurch diskriminiert werden.
Die Lehrkraft kann im Vorfeld der Debatte folgenden Text den Schülern zum Lesen geben: http://www.20minutos.es/noticia/2378778/0/test-nacionalidad/espana-inmigracion/izquierda-unida/

3.2 Política de inmigración en Ceuta y Melilla

■ Tareas

1. Ceuta y Melilla son dos ciudades en suelo africano que son territorio español, y por tanto la puerta a Europa para los emigrantes africanos. Ambas ciudades tienen una valla para frenar la llegada de los inmigrantes desde 1993. Desde entonces las dos vallas han ido creciendo y se han hecho cada vez más peligrosas. Las cifras de los inmigrantes que consiguen superar la valla han ido decreciendo en la medida en que esta ha ido aumentando en peligrosidad y tecnología. Los pocos que la consiguen superar pagan un alto precio.
2. Dieser Textauszug stammt aus folgendem Artikel der Wochenzeitung DIE ZEIT: http://www.zeit.de/2015/44/zaeune-grenzen-fluechtlinge. Hier beschreibt Martin Klingst andere wichtige Zäune auf der Welt: in den USA, in Israel, in Australien usw.

Die Lehrkraft kann diesen Artikel den Schülern in Gruppen geben. Jede Gruppe bekommt dabei ein Land und beschreibt auf Spanisch den jeweiligen Zaun.

3.3 Política de nacionalización

■ Vocabulario

Relaciona las parejas de palabras. Adjetivo y verbo, o bien sustantivo y verbo.

duro → endurecer
cárcel → encarcelar
grupo → reagrupar
residencia → residir
restricción → restringir

■ Tareas

1.
   1. La persona indocumentada podrá permanecer hasta 60 días encarcelada.
   2. La reagrupación familiar se limita a los familiares ascendentes, que deberán tener más de 65 años.
   3. Para poder solicitar la reagrupación familiar, el extranjero deberá haber vivido un mínimo de cinco años en España en vez de un año.
2. Freie Aufgabe.

■ Taller de creación

Freie Aufgabe.

Die Schüler können die richtige Adresse des spanischen Innenministeriums im Internet sowie den Namen des Innenministers bzw. der Innenministerin ermitteln.

3.4 Los CIEs

■ Tarea de pre-lectura

Freie Aufgabe.
Die Schüler sollten dafür zur spanischen Version des Wikipediaeintrags gehen:
https://es.wikipedia.org/wiki/Wikipedia:Portada

Der Eintrag ist folgender:
https://es.wikipedia.org/wiki/Centro_de_Internamiento_de_Extranjeros

■ Tarea de creación

Freie Aufgabe.

3.5 Los sefardíes

■ Tarea de pre-lectura

Un sefardí es un judío español.

Esta es la definición de la RAE:

Adj.: Dicho de un judío: Oriundo de España, o de lo que, sin proceder de España, aceptan las prácticas especiales religiosas que mantienen los judíos españoles en el rezo.

■ Comentario

1. Freie Aufgabe.

Für die Vertreibung der Juden können die Schüler folgende Quellen benutzen (Vorschlag):

- https://es.wikipedia.org/wiki/Expulsi%C3%B3n_de_los_jud%C3%ADos_de_Espa%C3%B1a
- https://www.youtube.com/watch?v=eMNsYbqLlwc (oder andere Videos auf der Plattform)
- http://www.rtve.es/television/20131202/isabel-fernando-expulsaron-judios/807521.shtml
- http://pedrogonzalezbarba.blogspot.de/2012/09/la-expulsion-de-los-judios-de-espana.html

Über die heutigen Sephardim und ihre Sprache:

- https://es.wikipedia.org/wiki/Sefard%C3%AD
- http://blogs.elconfidencial.com/espana/tribuna/2014-02-16/los-sefardies-una-historia-real-y-una-identidad-elusiva_89946/
- https://es.wikipedia.org/wiki/Idioma_judeoespa%C3%B1ol
- http://www.20minutos.es/noticia/1111007/0/era-digital/agoniza/judeoespanol/

2. Die Schüler können über die Vertriebenen, über die deutschen Juden, die ausgewandert sind, über die Deutschstämmigen im ehemaligen Ostblock oder über die Russlanddeutschen recherchieren.

3.6 La inmigración baja

■ Vocabulario

1. a) Ser la oveja negra de la familia.
   b) Ser cobarde como una gallina.
   c) Ser más lento que una tortuga.
   d) Tener ojos de águila.
   e) Llevarse como perro y gato.
   f) Sentirse como pez en el agua.
   g) Estar loco como una cabra.
   h) Estar fuerte como un toro.

2. Vorschlag, um den Wortschatz zu erweitern

■ Comentario

Die Schüler können im Netz die Stichwörter »España antes de la crisis de 2008» eingeben. Es werden viele Quellen angezeigt, wie zum Beispiel:

- http://www.elmundo.es/elmundo/2011/07/29/economia/1311945218.html
- https://bullatepeludo.wordpress.com/2011/02/09/la-situacion-de-espana-antes-y-despues-de-la-crisis/

■ Ejercicio de mediación

Freie Aufgabe

3.7 Un caso especial desde 2015: refugiados de Siria

Así se prepara España para acoger a 35.000 refugiados

■ Ejercicio de escritura

Ziel dieser Rechercheaufgabe ist es, dass die Schüler sich bewusst machen, welche Mammutaufgabe Deutschland innerhalb Europas bei der sogenannten «Flüchtlingskrise» leistet.

3.8 El entrenador sirio

■ El video en Youtube

Freie Aufgabe

4. La migración fuera de España

4.1 La emigración española

Comprensión

Completa las siguientes frases:

a) La crisis española empezó en 2009 (en realidad empezó en septiembre de 2008, pero el texto hace referencia al hecho de que al año siguiente es cuando se empezaron a notar los efectos).
b) La nacionalidad de los que se van es española y de otros países.
c) Las razones por la marcha son la falta de trabajo en España o el regreso al país natal antes de nacionalizarse.

Ejercicio de mediación

Freie Aufgabe

4.2 ¿Quiénes son los que se van?

Tareas de pre-lectura

a) ¿Por qué los migrantes son gente joven?
Vorschlag: Porque se van en busca de trabajo después de formarse. Además, la mayoría todavía no tiene hijos y por lo tanto son más libres de movimientos.
b) ¿A qué se debe el origen mayoritario de los nuevos migrantes?
Vorschlag: Son las comunidades autónomas con el mayor nivel adquisitivo y por lo tanto con una mayor formación entre la gente joven. Además estas tres comunidades autónomas son de las más pobladas en España en relación a otras comunidades.
c) ¿Por qué se van a los países que indica el gráfico?
Vorschlag: A Ecuador van probablemente por afinidad lingüística o porque regresan a su país de origen (son nacionalizados españoles pero de origen ecuatoriano). A los países europeos porque en ellos es donde hay más posibilidades de encontrar un trabajo acorde con la formación.

Análisis

1. Freie Aufgabe. Hier geht es darum, dass die Schüler die spanische Immigration in den Jahren 1960-1970 (Wirtschaftswunder, Gastarbeiter usw.) mit der aktuellen spanischen Immigration vergleichen (EU-Bürger, Ausbildung der Migranten, Alter und Geschlecht usw.).
2. Beide Texte erwähnen, dass ein Grund für die Zunahme der Auswanderung aus Spanien auf die Tatsache zurückzuführen ist, dass viele Spanier ihre Nationalität während ihres

Aufenthalts im Land erworben haben. Jetzt mit der Krise haben sie vielleicht ihre Arbeit aufgegeben und kehren in ihr Ursprungsland zurück, in dem sie auch Familie haben.

■ Comentario

Vorschlag: In den Städten wohnen Menschen mit einer guten Ausbildung. Dadurch streben sie nach guten Jobs und einer guten beruflichen Perspektive. Dafür nehmen sie die Auswanderung in Kauf. Dazu kommt noch, dass viele Städter selbst von anderswo kommen und es für sie dadurch nicht ungewöhnlich ist, weiterzuziehen, wenn es notwendig ist.

4.3 Testimonios de emigrantes españoles

■ Tarea

1 las consecuencias de la crisis – 2 ingresos superiores – 3 descenso laboral – 4 imagen de España

3 En España, Marisol trabajaba de administrativa en el sector de la construcción, uno de los primeros en caer por la crisis. «Tuve la opción de irme a Oriente Medio o ser víctima de una reestructuración. Me fui dos años, pero cuando volví con más experiencia me dieron el mismo trabajo con un sueldo cuatro veces menor al que ganaba fuera», se queja. Así que buscó trabajo y salió Serbia. «Si hubiera salido Siberia probablemente allí estaría», reconoce.

4 Lo peor es la opinión de los nacionales de los países a los que se han ido. «Para los ingleses somos un país de vacaciones, del todo incluido, y nos llaman los PIGS, junto a Portugal, Irlanda y Grecia. Proyectamos una imagen de país de pandereta, donde se admira la pillería y donde se puede robar siempre que tengas los contactos correctos», explica Dani.

1 A Maína le preocupa el gran coste social de la crisis española. «Veo muchas familias con todos sus miembros en paro, muchas parejas con una deuda que no pueden afrontar y muchos jóvenes formados que se ven obligados a dejar el país. España ha estado viviendo en una burbuja y le está costando muy caro salir de ella», analiza.

2 Marta Figueredo también encontró un empleo en la capital alemana, aunque en su caso, de diseñadora gráfica. Esta sevillana de 30 años asegura que el sueldo que cobra ahora no lo podría tener en España, adonde no piensa regresar ni en broma, salvo en vacaciones.

■ Vocabulario

1.

a) sector → parte
b) reconocer → admitir
c) sueldo → salario
d) nacional → compatriota
e) miembro → individuo, persona
f) cobrar → recibir dinero
g) regresar → volver

2. Freie Aufgabe

Comentario

1. Vorschlag:
   - Se trata de una de las generaciones mejor preparadas a nivel educativo de España.
   - Si esta generación no regresa, van a tener hijos fuera de España.
   - Si esta generación consigue trabajo en el extranjero, van a cotizar en los sistemas de seguridad social de eses países. Estas cotizaciones faltarán en España.

2. Freie Aufgabe

4.4 Portal Alemania

Tareas

1., 2. und 3. Freie Aufgaben.

4.5 Película «Perdiendo el Norte»

Tareas

1. La expresión «perder el norte» significa *perder la razón*. La expresión viene de la estrella del norte o polar, que sirve para orientarse. Si la persona que busca el camino no la encuentra en el cielo, se siente desorientada y sin saber adónde ir.

2. El norte al que hace referencia la película es Alemania, que está geográficamente al norte de España.

3. Die Schüler sollen den Trailer auf der offiziellen Webseite des Filmes anschauen. Es gibt andere Zusammenfassungen im Netz.
   1. ¿Por qué dice el señor mayor que hay que cambiar el nombre de los países?
      Porque van tantos alemanes a Mallorca que españoles a Berlín.
   2. ¿Qué error cultural comete el chico de las gafas en el laboratorio?
      Le quiere dar un beso en vez de darle la mano.
   3. ¿Quién va a Berlín el próximo fin de semana?
      La novia y los padres de uno de los protagonistas.
   4. ¿Por qué le da la señora un par de monedas al chico de las gafas al final del tráiler?
      Porque cree que son pobres.

4. **Ejemplo con el video #1 con Blanca Suárez:**
   1. Personaje: Es Carla, una estudiante.
   2. Papel en la película: Es una estudiante en Berlín que vive en un piso compartido con su hermano.
   3. Describe una escena que se ve en el vídeo que has elegido:
      El hermano de Carla quiere presentar a los dos protagonistas de la película (los inmigrantes). Carla ya conoce a uno de ellos. Lo ve y dice: «Joder, el imbécil». Él contesta: «La borde...» El hermano los mira a los dos y dice sorprendido: «Ah, ¿pero ya os conocéis?» Y se ríe.

Themenrelevante Titel

Debatiendo sobre la España de hoy
Gloria Nieves Iglesias
Handbuch, 120 Seiten, 3-89657-905-3, 19.80 EUR

Das Handbuch richtet sich an fortgeschrittene Spanischschüler (Niveau B1/B2), die sich auf didaktische Weise der politischen und sozialen Realität Spaniens anhand der Beziehungen des Landes zur EU annähern möchten. Es eignet sich sowohl für Konversationskurse als auch im allgemeinen Spanischunterricht zur Verbesserung der Mündlichkeit und des Hörverstehens. Die verschiedenen Themen können dabei unabhängig voneinander ausgewählt werden.
Da es sich um ein mittleres Niveau handelt, werden keine elementaren grammatischen Strukturen erklärt. Die enthaltenen Bilder/Graphiken zur Vorbereitung bzw. Anregung der Diskussionen bieten wir im Downloadbereich in Farbe und in DIN A4-Größe (für Folien etc.) kostenlos nach Registrierung an.

La crisis española
Jens Meyer
Schülerheft, 76 Seiten, 3-89657-918-5, 9.80 EUR
Lehrerhandreichung, 48 Seiten, 3-89657-919-3, 14.80 EUR

Der zweite Band unserer neuen Reihe «El mundo hispánico de cerca» behandelt die Wirtschaftskrise in Spanien und bereitet diese für den Unterricht auf. Das Schülerheft enthält Textauszüge sowie Bilder und Karikaturen mit Lexik-, Inhalts- und Interpretationsfragen zum Thema «Eurokrise, Arbeitslosigkeit, Abwanderung der spanischen Jugend, Demonstrationen» uvm. In der Lehrerhandreichung dazu werden den Lehrenden Hilfestellungen, Erwartungshorizont und weitere Materialien angeboten.

Zur Reihe «El mundo hispánico de cerca»:
Die neue Reihe bietet mit ihren Schüler- und Lehrerheften auf DIN A4-Format kurzgefasste Unterrichtseinheiten zu abiturrelevanten Themen an und bereitet somit konzentriert auf ein spezielles Prüfungsthema vor. Dabei ist die Art der Aufgaben so gewählt, dass damit sowohl die schriftliche als auch die mündliche Prüfungssituation einstudiert werden kann.

España y Europa.
Spaniens Selbstverständnis zwischen den Kulturen im Spiegel der Geschichte
Hans Christian Lindau
206 Seiten, 3-89657-720-4, 13.80 EUR

Kompakter Überblick über Spaniens historisches Verhältnis zu Europa. Dabei ist das 20. Jahrhundert ausführlich und differenziert dargestellt und auch aktuelle politische Entwicklungen fließen mit ein.
Die Themen der fünf Kapitel: 1. La frustración de un Imperio: España y Europa entre 1492 y 1898; 2. Entre europeísmo y casticismo: España y Europa en el pensamiento de la Generación del 98; 3. Regeneracionismo, europeización, hispanidad: España y Europa en la época de entreguerras; 4. Guerra civil y dictadura franquista; 5. Transición. Democracia. Unión Europea: Die Texte sind didaktisiert, der Lösungsschlüssel ist enthalten.

¿Tierra de acogida? España y sus inmigrantes

Fernando Lalana Lac

Textband: 252 Seiten, 3-89657-748-4, 16.80 EUR

Lehrerheft: 168 Seiten, 3-89657-749-2, 12.80 EUR

Was treibt 100.000 Afrikaner jedes Jahr dazu, bei der kurzen, jedoch teuren Fahrt nach Europa ihr Leben zu riskieren? Was erwartet sie in dem erträumten Paradies? Zeigen die Spanier Toleranz gegenüber den Einwanderern aus dem Süden? Und wer zieht Nutzen aus der Inmigration?
Die Textsammlung der Reihe «Temas hispánicos» beabsichtigt in sechs Kapiteln nicht nur über das Problem der Migration zu informieren, sondern auch Solidarität und Engagement im Aufbau eines gerechteren und humaneren Planeten zu erwecken.
Abgestimmt auf die Bedürfnisse des Zentralabiturs.

CinELE: Film ab!

Zu mehreren schulrelevanten spanischsprachigen Filmen bieten wir unsere sehr beliebt gewordene CinELE-Reihe an: praktische Handreichungen sollen dem Lehrer die Unterrichtsarbeit mit Filmen erleichtern. Das umfangreiche Material wird dabei auf übersichtlichen DIN A4-Seiten präsentiert. Kopiervorlagen mit Fragen zum Inhalt und zur Analyse einzelner Szenen sowie weiterführende Aufgaben ermöglichen eine vollständige Abdeckung mit wenig Vorbereitung von Seiten des Unterrichtenden. Ein tabellarischer Unterrichtsverlauf ermöglicht dem Lehrer einen schnellen Überblick und eine einfache Anleitung.

CinELE: También la lluvia

Kathrin Sommerfeldt

72 Seiten, 3-89657-908-8

14.80 EUR

CinELE: ¡NO!

Kathrin Sommerfeldt

60 Seiten, 3-89657-913-4

14.80 EUR

CinELE: Al Norte

Stephanie Rauer, Dinah Stratenwerth

64 Seiten, 3-89657-909-6

14.80 EUR

CinELE: 14 kilómetros

Montserrat Varela Navarro

44 Seiten, 3-89657-921-5

14.80 EUR

CinELE: Hola, ¿estás sola?

Maren Zwicker

44 Seiten, 3-89657-914-2

14.80 EUR

Aufgepasst: Die DVDs zu den Handreichungen sind natürlich alle bei uns erhältlich!